O Dente Vaivém

The Wibbly Wobbly Tooth

Written by David Mills
Illustrated by Julia Crouth

mantra

Na segunda-feira à noite, às sete horas e dois minutos, Li sentiu o primeiro dente a abanar.
E o dente…abanava, abanava, num vaivém.

On Monday evening at two minutes past seven, Li got his first wobbly tooth.
And the tooth went…Wibble Wobble.

THIS BOOK BELONGS TO:

_____

_____

_____

mantra

For the children of Richard Cobden Primary School, London
D.M.

Special thanks to Phillip Fong and his family,
and to the staff and children of Mason Avenue Kindergarten
J.C.

First published 2003 by Mantra
5 Alexandra Grove, London N12 8NU
www.mantralingua.com

Text copyright © 2003 David Mills
Illustrations copyright © 2003 Julia Crouth
Dual language copyright © 2003 Mantra

British Library Cataloguing in Publication Data:
a catalogue record for this book is available
from the British Library.

Na terça-feira, mostrou a toda a gente na escola.
E o dente…abanava, abanava, num vaivém.

On Tuesday, he had to show everyone at school.
And the tooth went...Wibble Wobble.

Na quarta-feira ao almoço, ele teve de comer com muito cuidado.
E o dente...abanava, abanava, abanava, num grande vaivém.

On Wednesday, he had to be careful eating his lunch.
And the tooth went...Wibble Wobble, Wibble Wobble.

Na quinta-feira, o Li teve de escovar os dentes com imenso cuidado.
E o dente...abanava, abanava, abanava...que grande vaivém!

On Thursday, Li had to be extremely careful brushing his teeth.
And the tooth went...Wibble Wobble, Wibble Wobble, Wibble.

Na sexta-feira, Li abanou o dente para um lado e para o outro,

On Friday, Li wiggled his tooth in and out,

torceu-o e até o empurrou com a língua,
até que o dente...

he twisted it and even stuck his tongue under it,
until it went...

ABANOU ABANOU
ABANOU ABANOU...
AHHHH!

WIBBLE WOBBLE, WIBBLE
WOBBLE,
WOBBLE,
WIBBLE WOBBLE...
OOOOPS!

"HURRAY!" everyone cheered.
Li gave them a big smile and he felt very brave.

"VIVA!" exclamaram todos.
Li deu um grande sorriso e sentiu-se um valentão.

Quando chegou a hora de ir para casa, Li saiu a correr
para mostrar ao pai.

When it was time to go home, Li rushed out to show his dad.

"Até que enfim," disse o Pai.
"Muito bem!"

"At last," said Dad.
"Well done!"

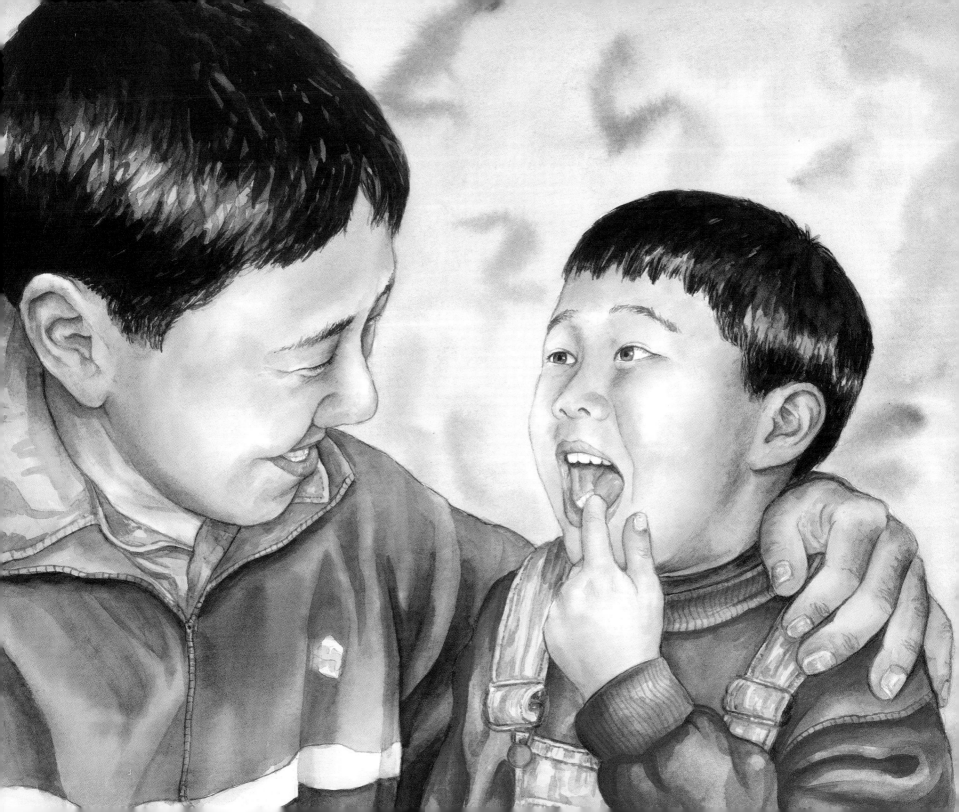

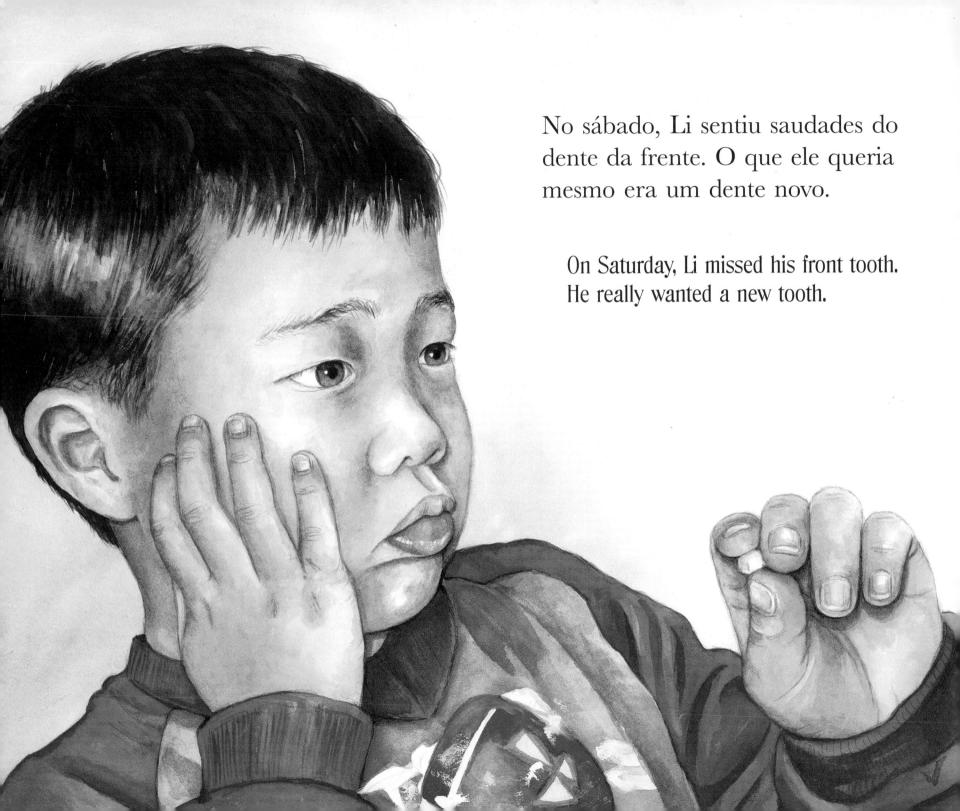

No sábado, Li sentiu saudades do dente da frente. O que ele queria mesmo era um dente novo.

On Saturday, Li missed his front tooth. He really wanted a new tooth.

"Anda," disse o Pai. "vamos visitar a Avó. Ela com certeza
saberá o que fazer."
E saíram a caminho de casa da Avó.

"Come on," said Dad, "let's go and see Grandma. She'll know just what to do."
So off they went to Grandma's.

Olha!" disse o Li.

"Oh, perdeste o dente!" disse o Zé. "Se o puseres debaixo da almofada, vem a fada dos dentes e deixa-te lá dinheiro em troca do dente!"

"Porquê?" perguntou o Li.

"Ela precisa do teu dente para construir uma casa nova!"

"Ah é?" disse o Li. "É melhor contar à minha Avó!"

"Look!" said Li.

"Hey, you've lost your tooth!" said Joey.

"If you put it under the pillow, the tooth fairy will come and bring you some money!"

"Why?" asked Li.

"She needs your tooth to build her new house!"

"Oh," said Li. "I'd better tell my Grandma!"

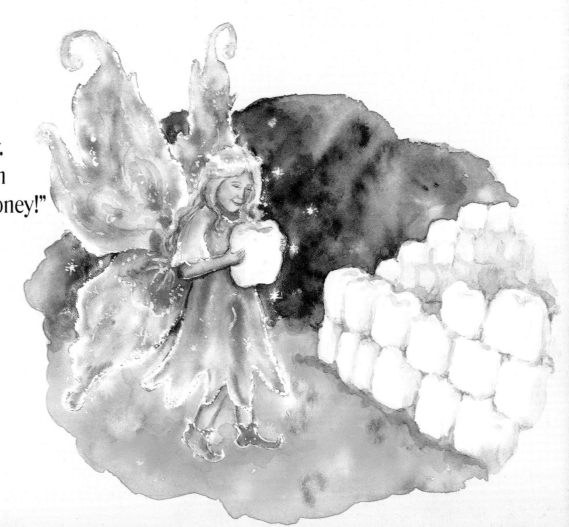

"Olha!" disse o Li.
"Eh pá!" disse o Kofi. "Eu enterrei o meu e depois cresceu-me um dente novo!"
"Ah foi? Tenho de contar à minha Avó!"

"Look!" said Li.
"Oooooo!" said Kofi. "I hid mine in the ground and then my new one grew!"
"Did it really? I must tell my Grandma!"

"Olha!" disse o Li.

"Eh," disse a Salma. "podias atirar o teu dente para o rio, para ele te dar sorte!"

"A sério?" disse o Li.

"Pai, o que é que eu faço?"

"A Avó é que sabe," respondeu o Pai.

"Look!" said Li.

"Hey," said Salma. "You could throw your tooth into the river and it will bring you good luck!"

"It will?" said Li. "Dad, what shall I do?"

"Grandma knows," said Dad.

"Vovó, vovó, OLHA!" disse o Li. "O meu dente
ABANOU ABANOU ABANOU ABANOU e…CAIU!"
"Ora vejam só," sorriu a Avó. "Já sei o que vamos fazer!
Atira-o para cima do telhado de um vizinho e pede um
desejo," sussurrou ela.
"Está bem," exclamou o Li e…

"Grandma, grandma, LOOK!" said Li. "My tooth went WIBBLE WOBBLE
WIBBLE WOBBLE WIBBLE WOBBLE and OUT!"
"Well, well, well," smiled Grandma. "I know just what to do!" she
whispered. "Throw it up onto a neighbour's roof and make a big wish."
"OK," shouted Li and…

...atirou o dente para cima com toda a força!

...threw his tooth up with all his might!

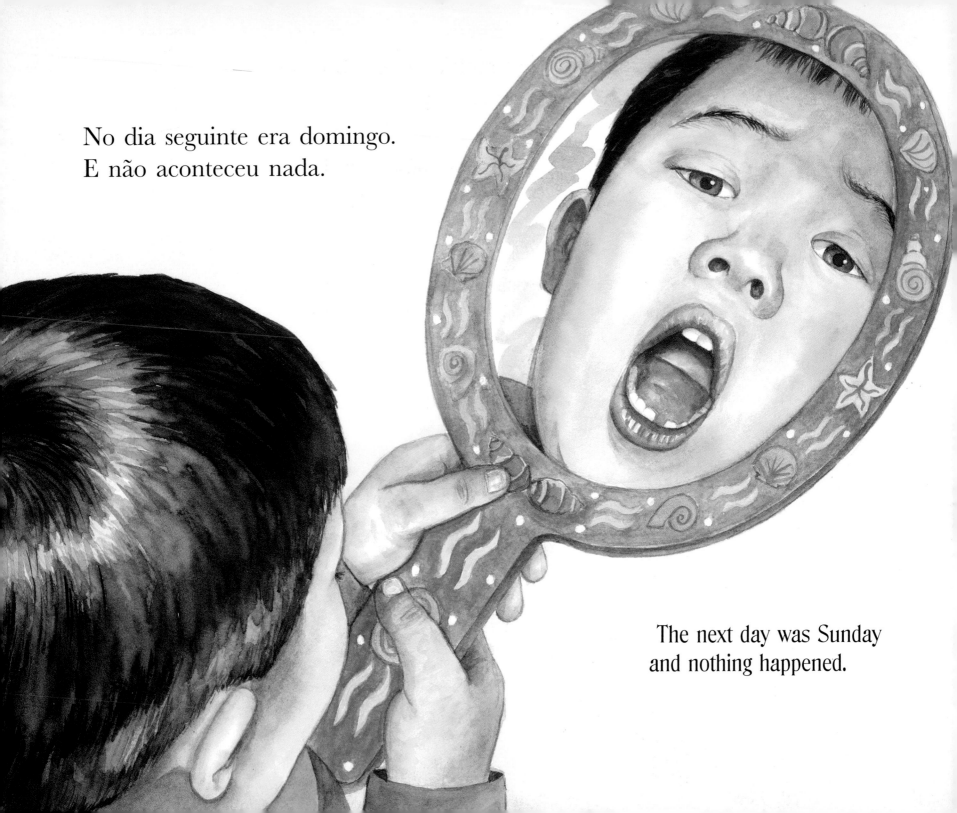

No dia seguinte era domingo.
E não aconteceu nada.

The next day was Sunday
and nothing happened.

Mas no domingo seguinte de manhã, às sete horas e dois minutos, o desejo do Li tornou-se realidade!

But the next Sunday morning at two minutes past seven, Li's wish came true!

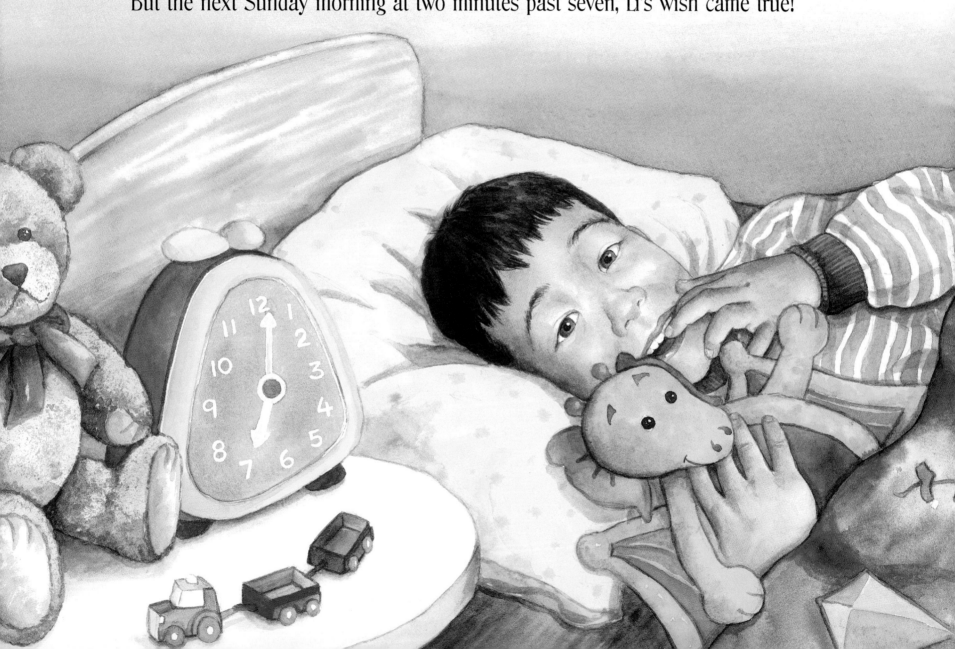

"Mãe, Pai," sussurrou o Li. "Olhem!"

"Mum, Dad," whispered Li. "Look!"

TOOTHY QUESTIONS

1. Have you lost your first tooth yet?

2. What do we need our teeth for?

3. How do you take care of your teeth?

4. When did you last visit the dentist?

5. Which one of these is best for taking care of teeth?
   a. Eating chocolate
   b. Brushing your teeth twice a day
   c. Climbing a tree

6. In some parts of the world people use different things to clean their teeth. Can you guess which they use?
   a. Apples
   b. Tea leaves
   c. Twigs

7. Which of these animals have the biggest teeth?
   a. Rats
   b. Wolves
   c. Elephants

TOOTHY ANSWERS

2. We need our teeth for eating and talking. They also make us look good when we smile!

5. Brushing your teeth twice a day.

6. Twigs from the Neem tree which grows in South Asia. They fight bacteria, protecting both the teeth and gums. The Neem tree is well known for its medicinal uses.

7. Elephants. Did you know that the tusks of an African elephant can grow up to 3.5 meters!